Armadillo at Riverside Road
Armadillo en la calle Riverside

SMITHSONIAN'S BACKYARD
BILINGUAL EDITION

Acknowledgements:
   Our very special thanks to the late Dr. Charles Handley of Department of Vertebrate
Zoology at the Smithsonian's National Museum of Natural History for his curatorial review.

   Soundprints would also like to thank Ellen Nanney at the Smithsonian Institution's
Office of Product Development and Licensing for her help in the creation of this book.

Agradecimientos:
   Nuestro agradecimiento especial al Dr. Charles Handley, del Departamento de
Zoología de los Vertebrados del Museo de Historia Natural de la *Smithsonian Institution,*
por su asesoramiento en la curaduría.

   Soundprints desea también expresar su agradecimiento a Ellen Nanney, de la Oficina
de Desarrollo de Productos y Licencias de la *Smithsonian Institution,* por su ayuda en la
creación de este libro.

Armadillo at Riverside Road
Armadillo en la calle Riverside

por Laura Gates Galvin   Ilustrado por Katy Bratun

Soundprints
Where Children Discover...

Nighttime is near and soon there will be relief from the Texas summer heat. Deep in a burrow behind the white house on Riverside Road, Armadillo wakes from a long day's sleep.

Se acerca la noche y pronto amainará el sofocante calor del verano de Texas. En lo profundo de una madriguera, detrás de la casa blanca de la calle Riverside, Armadillo despierta de un largo día durmiendo.

Armadillo pokes her head out of her den. She pauses to feel for vibrations from footsteps nearby. All is quiet—it is safe to come out. With strong legs, she pulls her body out of her hole. Then, she tiptoes through the tangle of blueberries and roses that hides her home. Armadillo is a stout little animal covered in a shield of armor.

Armadillo asoma la cabeza desde su cueva. Se queda inmóvil, tratando de percibir las vibraciones de pisadas cercanas. Todo está en silencio. No hay ningún peligro. Impulsándose con sus poderosas patas, saca su cuerpo del agujero. Avanza despacio entre los arándanos y las rosas que ocultan su refugio. Armadillo es un animal pequeño, pero fuerte, con el cuerpo cubierto por una coraza.

Armadillo walks her funny walk, nervous and jerky, across the yard. She plows through dirt and grass with her nose in hopes of finding a delicious cricket, bug or millipede.

Armadillo atraviesa el jardín con paso irregular, nervioso y listo para escapar a cada paso. Camina con la nariz metida en la hierba, a ras de tierra, con la esperanza de hallar algún delicioso insecto o un milpiés.

She snuffles and shuffles, snuffles and shuffles looking for her meal. With her sharp front claws, she digs a small hole and uncovers a feast of ants. Holding her breath so she won't breathe in dirt, she probes the ants' nest with her muzzle.

Va olisqueando y olfateando en busca de su cena. Con sus afiladas garras delanteras, cava un pequeño agujero y descubre un festín de hormigas. Conteniendo el aliento para no aspirar el polvo, inspecciona la cueva de las hormigas con el hocico.

Armadillo reaches into the nest with her long sticky tongue and brings a small mound of ant larvae to her mouth until she devours the entire nest. But she is not satisfied. She pushes her nose back to the ground and continues hunting.

Armadillo mete su larga y pegajosa lengua en la cueva y saca un montón de larvas de hormigas que se lleva a la boca. Continúa su labor hasta devorar toda la colonia, pero aún no está satisfecha. Vuelve a clavar el hocico en el suelo y continúa la cacería.

A coyote howls, but Armadillo's hearing is poor. She doesn't notice the threatening call. When she sees his shadow she bucks straight up into the air! As the coyote jerks back, she runs from him with amazing speed. The coyote chases her, staying close behind.

Un coyote aúlla, pero Armadillo no tiene buen oído. No percibe el amenazante sonido. Cuando ve la sombra del coyote, ¡da un salto y se eleva en el aire! El coyote retrocede asustado y Armadillo huye corriendo a toda velocidad. El coyote la persigue de cerca.

Armadillo flees through a thorny thicket. Her armor protects her from the prickly plants. The coyote tries to follow but he yelps as the sharp thorns stab his skin.

Armadillo escapa metiéndose en un matorral de espinosos arbustos. Su armadura la protege de las espinas. El coyote trata de seguirla, pero se detiene cuando siente las agudas espinas clavándoseles en la piel.

Armadillo runs to a nearby stream and hurries in. She sinks to the bottom like a stone and walks under water. As she comes to the other bank, the coyote spots her and catches up to her.

Armadillo corre hasta un arroyo cercano y se mete en la corriente. Se hunde hasta el fondo como una piedra y camina debajo del agua. Ya en la otra orilla, el coyote la ve y se le acerca corriendo.

Just as the coyote opens his jaws to take a bite, Armadillo disappears into the ground. She has found safety in one of her many burrows. Waiting for the coyote to give up, she falls asleep.

En el momento en que el coyote abre sus fauces para morderla, Armadillo desaparece bajo la tierra. Se ha refugiado en una de sus muchas madrigueras. Mientras espera a que el coyote desista, se queda dormida.

Armadillo awakens late at night and climbs out of the burrow to search for more food. Walking alongside the stream, she eats every bug in her path.

Armadillo despierta tarde en la noche y sale de la madriguera en busca de más comida. Va caminando por la orilla del arroyo, comiéndose todos los insectos que halla en su camino.

The moon disappears and it's time for Armadillo to go back to her burrow. She follows the stream a short distance until it runs under a bridge. Armadillo has wandered onto a road.

La Luna se oculta. Para Armadillo, ya es hora de regresar a la madriguera. Camina junto a la orilla del arroyo por una corta distancia hasta llegar debajo de un puente. Armadillo se ha adentrado en una carretera.

Confused, Armadillo takes a few steps and tries digging her claws on the pavement. *Whoosh!* A blast of air hits Armadillo's face as a car speeds by. The force of the air knocks her over and off the road. She scrambles to her feet and finds herself near the stream again.

Confundida, Armadillo da unos pasos tratando de clavar sus garras en el pavimento. *¡Zas!* Una ráfaga de aire le da en la cara cuando pasa un auto a toda velocidad. La fuerza del viento la tumba patas arriba y cae fuera de la carretera. Se levanta y se encuentra otra vez junto al arroyo.

Armadillo steps into the water. With deep breaths of air she inflates her body like a balloon and floats downstream. When the water becomes more shallow, she digs her claws into soft mud and pulls herself out onto the opposite bank and hurries through a thicket and across a familiar backyard.

Armadillo entra en el agua. Respira profundamente hasta inflar su cuerpo como un globo y flota mientras la corriente la arrastra arroyo abajo. Cuando el arroyo se vuelve menos profundo, clava sus garras en el suave lodo del fondo y sale del agua por la otra orilla. Atraviesa unos matorrales apresuradamente y llega a un patio conocido.

A mockingbird greets the morning with a song. Deep in her burrow behind the white house on Riverside Road, Armadillo settles onto a soft bed of grass. She grows tired and closes her eyes, ready for a long day's sleep.

El trino de un sinsonte anuncia la llegada del alba. En lo profundo de la madriguera que está detrás de la casa blanca de la calle Riverside, Armadillo se echa sobre una suave capa de hierba. Está cansada. Cierra los ojos, lista para pasar todo el día durmiendo.

31

About the Nine-banded Armadillo

Nine-banded armadillos are found from the southeastern United States into Mexico, Central America and South America. During hot weather, armadillos avoid heat and sun by sleeping in burrows during the day and hunting at night. With poor eyesight and hearing, they rely on their keen senses of smell to find food. Ants are one of their favorites and they can eat up to 40,000 in one meal.

Armor protects armadillos from the teeth and claws of predators, as well as thorny plants. Armadillos grow to approximately 2 – 2 ½ feet long, including the length of their tails. Nine moveable bands in the middle of their bodies allow them to bend and move easily.

Glossary

armor: A hard, protective body covering.

burrow: A hole in the ground dug by an animal for use as a home or shelter.

inflates: Becomes swollen with air.

muzzle: The jaws and nose of an animal.

thicket: A thick growth of trees or shrubs.

Points of Interest in this Book

pp. 4-5: evening primrose (white flower), dandelions.

pp. 10-11: butterfly pea (pink flower at left), dandelion, common gray tree frog, fire ants.

pp. 18-19: arrowheads (broad leaves at top).

pp. 20-21: Texas sleepy aster (yellow flower).

pp. 24-25: penitent underwing moth.

pp. 30-31: white-footed mouse.

Sobre el armadillo de nueve bandas

Los armadillos de nueve bandas habitan en el sudeste de Estados Unidos, México, América Central y América del Sur. En los días cálidos, los armadillos evitan el calor y el sol. Duermen todo el día en sus madrigueras y salen de noche a buscar alimento. Como tienen poco desarrollados los sentidos de la vista y el oído, los armadillos usan su agudo olfato para buscar comida. Uno de sus alimentos preferidos son las hormigas y en una sola comida pueden devorar hasta 40,000 de ellas.

Su armadura los protege de los dientes y las garras de sus depredadores, así como de las plantas espinosas. Los armadillos adultos miden de 2 a 2 ½ pies de largo, desde el hocico hasta la punta de la cola. Las nueve bandas móviles que tienen en medio del cuerpo les permiten doblarse y moverse con facilidad.

Glosario

armadura: Capa protectora dura que cubre el cuerpo.

madriguera: Agujero en el suelo que un animal cava para usarlo como hogar o refugio.

inflar: Llenar de aire.

hocico: Parte de la cabeza de un animal donde están las mandíbulas y la nariz.

matorral: Conjunto de arbustos muy tupido o espeso.

Detalles de interés

págs. 4-5: onagra (flor blanca), dientes de león

págs. 10-11: mariposa (flor rosada a la izquierda), diente de león, rana arbórea gris, hormigas rojas

págs. 18-19: sagitaria (hojas anchas de la parte superior)

págs. 20-21: Aster de Texas (flor amarilla)

págs. 24-25: mariposa nocturna

págs. 30-31: ratón de patas blancas